# L'INDUSTRIE DU FER

## LES USINES

DE LA

# SOCIÉTÉ MÉTALLURGIQUE

DU

# PÉRIGORD

PARIS

**IMPRIMERIE CHAIX**

IMPRIMERIE ET LIBRAIRIE CENTRALES DES CHEMINS DE FER

SOCIÉTÉ ANONYME

Rue Bergère, 20, près du boulevard Montmartre

1881

# L'INDUSTRIE DU FER

---

## LES USINES

DE LA

# SOCIÉTÉ METALLURGIQUE DU PERIGORD

# LES USINES

DE LA

# SOCIÉTÉ MÉTALLURGIQUE DU PÉRIGORD

## CHAPITRE PREMIER

## L'INDUSTRIE DU FER

Aperçu historique, procédés de fabrication, théorie sommaire de ces procédés. — Haut-fourneau, affinage et puddlage. — Caractères distinctifs de la fonte, du fer et de l'acier.

Dans tous les temps la métallurgie, c'est-à-dire l'art d'extraire les métaux de leurs minerais, a été considérée comme une industrie mère.

Les rudiments de la civilisation moderne ne commencent à apparaître dans la série des siècles qu'avec la fabrication et l'usage des métaux.

Tant que l'homme a été réduit à tailler le silex pour se confectionner des armes et des outils, il a végété dans un état peu différent, sans doute, de celui des sauvages qui peuplent encore aujourd'hui certaines îles de l'Océanie.

C'est d'abord le cuivre, l'étain, et le bronze leur dérivé, qui ont sollicité l'industrie humaine.

Le fer n'est venu que plus tard; il était connu cependant à l'époque d'Homère, dont les poèmes sont les premiers documents positifs que nous possédions sur la civilisation occidentale.

Toutefois, il passait encore à cette époque pour un métal rare et précieux; la matière première, c'est-à-dire le minerai de fer, était bien aussi connue à cette époque que de nos jours, mais le traitement de cette matière exige des températures élevées que les anciens, réduits au bois pour unique combustible, ne produisaient qu'avec de grandes difficultés.

Il est probable que c'est après la découverte de la fabrication du charbon de bois que la fabrication du fer prit un développement sérieux.

Le mode de traitement des minerais de fer qui paraît avoir été universellement suivi jusqu'à l'invention des hauts-fourneaux, ne différait pas essentiellement des forges catalanes qui fonctionnent encore dans les Pyrénées.

Il consiste à placer dans un foyer réfractaire, du charbon de bois que l'on recouvre de minerai; on allume le charbon, et l'on active la combustion au moyen d'une soufflerie dont le mécanisme a varié à travers les âges: le charbon, en brûlant, donne de l'acide carbonique qui, traversant les couches supérieures de charbon portées au rouge, se transforme en oxyde de carbone. Ce gaz oxyde de carbone est un agent réducteur puissant qui décompose l'oxyde du minerai. Il se forme un silicate de fer fusible (scorie) qui s'écoule en partie par une ouverture inférieure, et une loupe pâteuse de fer qui retient encore une partie de silicate de fer. Pour l'en débarrasser, on porte cette loupe sous un marteau-pilon, et finalement on obtient du fer pur.

Ce procédé exige une grande consommation de combustible, et il est si imparfait, si loin d'extraire du minerai toutes ses richesses, qu'il n'est pas rare aujourd'hui de trouver, sur les anciennes exploitations, des quantités de scories assez riches pour être traitées très avantageusement dans les hauts-fourneaux comme des minerais vierges.

Le fer ainsi obtenu coûte donc fort cher, et l'industrie moderne n'obtiendrait, par ces procédés primitifs, ni le bon marché, ni les quantités qui lui sont nécessaires.

On a dit que la civilisation d'un peuple peut se mesurer à la quantité de fer qu'il consomme. C'est presque un axiome : il n'y a pas, en effet, de nations grandes sans chemins de fer, sans grandes usines ; or, tout cet outillage est tiré du fer.

La marine tend à substituer le fer au bois dans les constructions navales.

L'outillage militaire emploie, en grandes quantités, le fer et ses dérivés ; presque toute l'artillerie européenne est aujourd'hui en acier.

Un pays absolument dépourvu d'établissements producteurs de fer serait donc très compromis en temps de guerre. C'est une question de salut national que de veiller à ce que cette grande industrie reste vivace, et si les doctrines libre-échangistes peuvent avoir une justification, c'est surtout quand il s'agit des nécessités militaires. Certes, la métallurgie du fer est solidement assise dans notre pays, cependant l'élévation du prix du combustible, relativement aux prix dont jouissent les Anglais, les Belges et les Allemands, ne nous permet pas de produire au même prix qu'eux.

Pour que l'industrie du fer prospère en France ; pour qu'elle y reste à la hauteur des besoins permanents de l'armement terrestre et naval, il peut être nécessaire de défendre notre frontière par des droits, non pas prohibitifs, mais compensateurs, dans certaines limites, de la différence de prix du combustible.

*
* *

Sollicitée par de nombreux besoins, l'industrie du fer s'est rapidement développée ; elle a perfectionné tous ses procédés, elle les perfectionne encore tous les jours.

Le premier grand progrès dans la métallurgie du fer remonte au xvi$^e$ siècle, et consiste dans l'emploi du haut-fourneau pour la production de la fonte.

Le haut-fourneau se compose d'un cône supérieur (la cuve) qui s'accole par sa base avec un autre cône renversé (les étalages) ; la base commune se nomme le ventre. Au-dessous du dernier cône, est une partie cylindrique où débouchent les tuyères d'introduction d'air ; on l'appelle l'ouvrage, et elle est terminée par un creuset pourvu, sur une face, d'une ouverture par où se fait la coulée.

La partie supérieure du haut-fourneau se nomme le gueulard, c'est par là que sont introduites les charges.

Voici, en quelques mots le fonctionnement d'un haut-fourneau :

Un haut-fourneau marche sans interruption, et il y a toujours une colonne descendante formée de minerai et de combustible, et une colonne ascendante gazeuse, produit de la combustion et des réactions chimiques. L'air projeté par les tuyères, composé d'azote et d'oxygène, donne, par la combustion du charbon, de l'acide carbonique qui, en montant, se trouve ramené à l'état d'oxyde de carbone au contact des couches supérieures de combustible chauffées au rouge. Ce gaz oxyde de carbone, agent réducteur de premier ordre, en présence du minerai (qui n'est autre chose que de l'oxyde de fer) à une haute température, le réduit, en s'emparant de son oxygène, pour se reconstituer à l'état d'acide carbonique. Le résultat de cette réduction est un mélange de gangue et de fer métallique très divisé.

Pour se débarrasser de cette gangue, on a été conduit, surtout dans le traitement des minerais pauvres et siliceux, à intro-

duire dans les charges, une proportion variable de castine (car-
bonate de chaux). Cette matière, en se décomposant, donne de
l'acide carbonique, et une base, la chaux, qui forme, avec les
matières contenues dans la gangue, des sels facilement fusibles
qui prennent le nom de *laitiers*. Ces sels, en chimie, se nom-
ment des silicates à base multiple (chaux, potasse, alumine,
manganèse, etc., etc.)

A sa sortie du gueulard, la colonne gazeuse est donc un
mélange d'azote, d'oxyde de carbone et d'acide carbonique.

Quant au fer métallique, il se combine avec une certaine proportion de carbone pour former la fonte et tombe, pêle-mêle avec
les laitiers, dans le creuset où la séparation s'effectue suivant
l'ordre des densités. Les laitiers surnagent et finissent par se
déverser au-dessus de la grosse pièce qui limite le creuset et
qui s'appelle *dame*. Quand le creuset est plein de fonte, on dé-
masque une ouverture ménagée dans la dame, et le métal
s'écoule dans des rigoles de sable ou dans des moules préparés
à l'avance.

Tel est le fonctionnement général du haut-fourneau. A ce
fonctionnement, concourent divers organes dont chacun a été
l'objet d'études infinies; en voici la nomenclature :

1° Appareils pour monter les charges au gueulard;

2° Appareils d'introduction des charges;

3° Machines soufflantes;

4° Appareils destinés à chauffer l'air avant de l'introduire
dans le haut fourneau par les tuyères, d'où résulte l'économie de toute la chaleur qui serait nécessaire pour élever à la
haute température du foyer l'air froid extérieur ;

5° Appareils destinés à recueillir les gaz combustibles à leur
sortie du haut fourneau et à les utiliser soit pour chauffer l'air,
soit pour chauffer des générateurs de vapeur.

Dans son fonctionnement théorique, le haut fourneau est
resté ce qu'il était dès le XVIe siècle, ses organes extérieurs
seuls ont été l'objet de progrès continus. Toutefois, au charbon

de bois employé à l'origine, a été substitué le coke, produit de la carbonisation de la houille. C'est cette substitution qui a permis de développer aussi largement la métallurgie du fer : le charbon de bois est, en effet, d'un prix trop élevé, son emploi amène le déboisement de régions entières, enfin il confine la métallurgie dans les districts forestiers.

C'est l'emploi du coke qui a fait la fortune de l'industrie anglaise.

**
* *

Outre ses emplois directs, la fonte sert à reproduire le fer et l'acier.

Le fer est le métal presque pur : la fonte et l'acier représentent des combinaisons du métal avec une proportion variable de carbone, proportion plus grande dans la fonte que dans l'acier.

Ces combinaisons sont fusibles, et cette fusibilité s'accroît avec la teneur en carbone ; elle est donc plus grande pour la fonte que pour l'acier.

La fonte contient de 2 à 5 0/0 de carbone combiné : elle est fusible à 1,200 degrés, ce qui est une température relativement peu élevée en métallurgie. Elle s'emploie, grâce à cette propriété, pour toutes les pièces de moulage : on la coule dans des moules de sable, soit à la sortie du creuset, soit après une refonte au cubilot. Les moulages qui en proviennent sont dits, suivant le cas, de première ou de seconde fusion.

La fonte utilisée ainsi est à grains gris, résistante ; elle doit être douce, c'est-à-dire attaquable par les outils, elle doit se laisser tourner, raboter, aléser, etc., en un mot, se prêter à tous les travaux d'ajustage.

Lorsque la fonte est destinée à la fabrication du fer ou de l'acier, on diminue sa teneur en carbone.

Cette espèce de fonte est moins résistante, son grain est

généralement blanc ou truité, elle prend le nom de fonte d'affinage.

L'acier renferme de 0,25 à 2 0/0 de carbone, et sa qualité varie avec la teneur.

Les caractères généraux de l'acier sont la fusibilité et la faculté de prendre la trempe, c'est-à-dire de durcir sous l'action d'un brusque refroidissement.

L'acier s'emploie pour le moulage de pièces demandant une résistance particulière ; la trempe lui donne une dureté qui le rend propre à la fabrication des armes blanches, et des outils destinés à travailler les métaux. Ses emplois, grâce à certains procédés nouveaux de fabrication, ont pris dans ces derniers temps une extension considérable. Partout, il tend à se substituer au fer : c'est ainsi que nos grandes Compagnies de chemins de fer ont adopté le rail en acier, et qu'elles ont substitué l'acier au fer dans de nombreuses applications.

Les procédés, employés pour produire l'acier à bon marché, sont dus à Bessemer et à Martin ; le métal obtenu par ces deux systèmes n'est pas rigoureusement de l'acier, c'est plutôt du fer légèrement carburé.

Le fer est, comme nous l'avons dit, le métal théoriquement pur ; il est difficilement fusible, mais il jouit par contre d'une propriété précieuse, *la malléabilité*, c'est-à-dire la faculté de prendre sous les coups du marteau et sous l'étreinte du laminoir les formes les plus diverses.

Ces qualités supposent que le minerai traité était un pur oxyde de fer. En réalité il renferme bien d'autres éléments, que la fonte, le fer et l'acier retiennent pour partie, et qui peuvent en modifier profondément la qualité.

Le phosphore, le soufre, la baryte les rendent cassants et détestables ; le manganèse, au contraire, communique à la fonte des qualités exceptionnelles et la rend particulièrement propre à la fabrication de l'acier. L'expulsion des matières nuisibles fait partie de l'œuvre du métallurgiste.

Le haut fourneau produit la fonte. Pour la transformation de celle-ci en fer, divers procédés sont en usage.

Voici les deux plus usuels :

1° *Affinage*. — Ce procédé rappelle la forge catalane : le minerai est remplacé par la fonte additionnée souvent d'une certaine proportion de ferraille. La fonte en fusion tombe en gouttes qui s'oxydent fortement au contact de l'air de la tuyère, tout en se débarrassant de leur carbone ; cette fonte oxydée, se trouvant ensuite en présence de l'oxyde de carbone, se transforme en fer pur.

Ce procédé fournit d'excellent fer doux, mais l'emploi du charbon de bois le rend très coûteux ; en outre, le déchet du métal est d'environ 20 0/0.

2° *Puddlage*. — La fonte est disposée sur la sole réfractaire d'un four à réverbère.

Sous l'action de la chaleur, elle entre en fusion, et comme on a le soin d'introduire dans le four de l'air en excès, l'atmosphère est très oxydante. Le carbone est brûlé, soit directement par l'air, soit par l'oxygène de l'oxyde de fer, car on a soin d'ajouter toujours des scories de silicate de fer basique ; il y a un excès de base, qui est réduit et donne du fer.

L'ouvrier, avec un ringard, retourne la masse en tous sens, l'oxyde de carbone se dégage en bouillonnant, et l'on retire le fer par loupes que l'on porte sous le marteau.

Mais c'est surtout sous forme de fer laminé que le métal est livré au commerce. Ce fer, chauffé à une température convenable, passe entre des cylindres puissants munis de cannelures qui lui donnent sa forme définitive : on fabrique des fers ronds, carrés, plats, cornières, feuillards, fers à planchers, etc.

# CHAPITRE II

## Description des Usines de la Société Métallurgique du Périgord, Approvisionnements, Hauts-fourneaux, fonderie, tuyauterie, ateliers d'ajustage.

Tels sont, sommairement, les procédés et la théorie de la production du fer et de ses dérivés. Reste à étudier les détails sans nombre du travail de ces métaux en vue des applications qu'ils reçoivent dans l'industrie; nous allons l'essayer. Nous avons fait choix, à cet effet d'établissements réunissant dans leur ensemble les procédés de fabrication et de transformation les plus puissants et les plus perfectionnés.

Ces établissements, ce sont ceux que la Société métallurgique du Périgord possède dans la région Sud-Ouest de la France: ils nous offriront d'une part des hauts fourneaux, une fonderie modèle, une tuyauterie, des ateliers d'ajustage; d'autre part des feux d'affinerie, des fours à puddler, des laminoirs et finalement une tréfilerie, une pointerie et une galvaniserie.

Nous y verrons d'un côté couler la fonte dans des moules gigantesques d'où sortent des tuyaux de fonte pesant trois mille kilogrammes, et de l'autre étirer le fer en fil plus mince qu'un cheveu d'enfant.

Les établissement dont il s'agit forment deux groupes, l'un à Fumel (Lot-et-Garonne), l'autre à Bordeaux. A Fumel la fonte et ses produits multiples, à Bordeaux, le fer et ses transformations diverses, en particulier en fils de fer et en pointes.

Les usines de Fumel sont situées sur le Lot, entre Cahors et Villeneuve-sur-Lot. Elles sont traversées par la ligne de Libos à Cahors qui appartient au réseau de l'Orléans.

**Société Métallurgique du Périgord.**

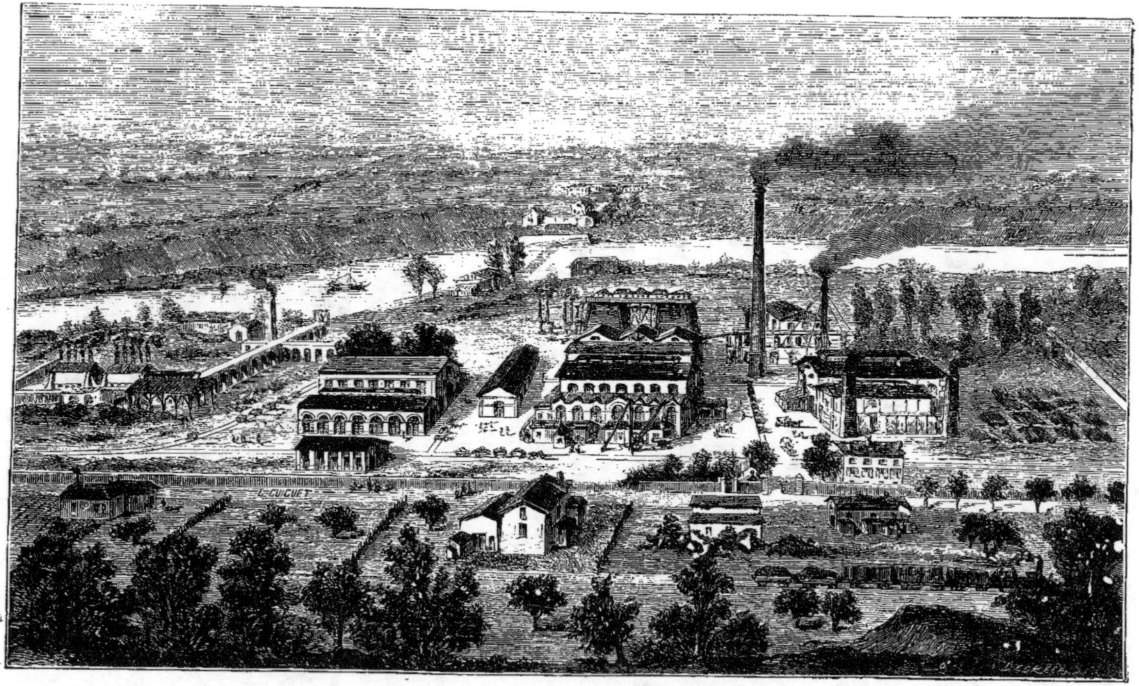

Vue à vol d'oiseau des usines de Fumel.

Au point de vue des transports, il est difficile de trouver une position plus heureuse : le Lot navigable en toute saison permet de descendre jusqu'à Bordeaux ; par le réseau de l'Orléans on peut desservir tout le centre et l'Ouest, et à la distance de 40 kilomètres, on rencontre Agen et tout le réseau du chemin de fer du Midi.

Pour l'exportation, ces usines ont le choix entre Cette, Port-Vendres et Bordeaux : elles ont ainsi une porte ouverte sur les deux mers.

Le pays environnant est fertile en minerais de fer, minerais qui ne se distinguent pas toujours par une grande richesse, mais qui sont exempts de soufre et de phosphore et donnent des fontes très résistantes et propres à tous les usages. Leur abondance est telle que nombre de grandes sociétés métallurgiques en tirent une partie de leurs approvisionnements, sans que le prix tende à s'élever.

On trouve facilement dans cette région des minerais rendant 40 0/0 de fer et dont le prix varie de 5 et 6 francs la tonne rendue dans l'usine.

L'emploi d'une grande quantité de castine est indispensable pour la réduction de ces minerais, qui sont très siliceux ; mais la chaux abonde dans la région, et l'usine de Fumel exploite à cinq cents mètres du haut fourneau, des carrières que la génération actuelle ne verra pas épuiser.

Pour compléter ses approvisionnements en minerais, c'est-à-dire pour enrichir ses lits de fusion, l'usine de Fumel a le choix entre les minerais d'Afrique, ceux de la Côte orientale d'Espagne et les minerais de Bilbao. C'est à ces derniers qu'elle a jusqu'à ce jour accordé la préférence. Ils lui arrivent par Bordeaux à des conditions de transport très modérées.

Cette position exceptionnelle fait assurément le plus grand honneur à la sagacité des créateurs de ces usines.

De tout temps les vallées du Lot et de l'Aveyron ont été le théâtre d'exploitations métallurgiques, mais c'est la construction des chemins de fer qui a donné à ces exploitations les proportions en rapport avec l'état actuel de l'industrie. Les grandes usines d'Aubin et de Fumel ont la même date que la ligne du Grand Central dont elles étaient la propriété. Elles passèrent avec cette ligne à la Compagnie d'Orléans qui garda Aubin pour la fabrication de ses rails et vendit Fumel à la Société métallurgique de la Vienne.

Cette Société rétrocéda son acquisition en 1874 à la Société métallurgique du Périgord qui en est aujourd'hui propriétaire.

L'usine de Fumel est maîtresse des deux rives du Lot à cette partie de son cours. Indépendamment de quatorze hectares de terrains, dont six enclos de murs sur lesquels sont construits les ateliers, elle possède de l'autre côté de la rivière un moulin et un terrain important.

A ce même endroit a été établi un barrage qui donne une chute d'eau de 1$^m$,80 à l'étiage, ce qui représente une force d'environ 500 chevaux, tout entière à la disposition de l'usine.

Les usines se relient à la station de Fumel au moyen d'un embranchement qui prolonge ses rails dans tous les ateliers et sur tous les parcs d'approvisionnements.

Avec de pareils éléments on peut affirmer qu'il n'existe pas en France, non seulement dans l'industrie métallurgique, mais dans quelque industrie que ce soit, un établissement aussi privilégié que Fumel. Voies de fer, voie d'eau, force hydraulique, vaste terrain ,proximité de la mer, matières premières sous la main, c'est en quelque sorte l'idéal des conditions pour une industrie.

Quel que soit le sort que l'avenir réserve à la métallurgie, les propriétaires de Fumel peuvent être sans crainte, il ne saurait y avoir de déception pour eux.

Rendons également justice aux hommes qui ont tiré parti de ces éléments de succès, et notamment à MM. Barthe et Pautard qui, dans leurs fonctions respectives d'administrateur délégué de la Société du Périgord et de directeur de l'usine de Fumel, ont présidé à tous les perfectionnements qui font de cette usine une usine modèle supérieure à tout ce qu'on peut remarquer en France et à l'étranger en matière de fonderie.

Nous craindrions de paraître tomber dans la réclame en insistant sur ce point délicat des personnalités, nous préférons renvoyer le lecteur aux hommes spéciaux et compétents auxquels les noms que nous venons de citer sont familiers.


## SECTION I

### Hautsfourneaux et annexes;
### Souffleries, appareils à air chaud, décrassage, etc.

HAUTS-FOURNEAUX. — L'usine de Fumel comprend deux hauts-fourneaux de grande dimension, marchant au coke, et produisant chacun 40 à 45 tonnes de fonte par jour.

**Société Métallurgique du Périgord**

Vue des deux hauts-fourneaux de Fumel.

Ces hauts-fourneaux sont accouplés et desservis par un monte-charge hydraulique qui apporte sur une plate-forme les matières premières : minerais, castine et coke ; ceux ci sont, de là, dirigés sur les gueulards.

On les place en proportions convenables sur une trémie conique qu'abaisse un mécanisme fort simple : toute la charge est introduite d'un seul coup, et la trémie en se relevant ferme complètement l'ouverture afin d'éviter la déperdition des gaz combustibles dont nous verrons tout à l'heure le judicieux emploi.

Les hauts-fourneaux de Fumel ont 15 mètres de hauteur et $4^m,50$ de diamètre au ventre, leur volume est de 160 mètres cubes. Ils absorbent chaque jour en minerais, castine et coke, un poids total moyen de 175 tonnes.

Le chiffre le plus intéressant dans la marche d'un haut-fourneau, c'est la consommation du combustible, car c'est la plus coûteuse des matières premières.

A Fumel ce chiffre est d'environ 1,150 kilogrammes de coke par tonne de fonte produite.

Ajoutons que les cokes employés sont d'excellente qualité ; ils proviennent du bassin d'Ahun, de Carmaux et de Bordeaux, où la Société possède des ateliers de carbonisation sur lesquels nous aurons à revenir ultérieurement.

La fonte produite est tout à fait supérieure ; elle est grise, d'une résistance exceptionnelle, douce à travailler. Elle permet de couler en première fusion tous les moulages ; d'où résulte une grande économie, car la refonte au cubilot ne coûte jamais moins de seize francs par tonne.

Elle a été l'objet d'une étude complète de la part de l'administration de la Marine, et le rapport de la Commission a été des plus favorables. Voici un extrait de ce rapport :

« Nous avons pensé qu'il y aurait intérêt à étudier les fontes de Fumel comparativement avec la fonte écossaise Glengarnok.

» Il a été fait deux mélanges :

» 35 0/0 vieux projectiles ;

» 35 0/0 jets ;

» 5 0/0 alélick.

» On a complété d'une part avec 25 0/0 de fonte de Fumel, d'autre part avec 25 0/0 de fonte écossaise.

» En comparant le résultat des deux mélanges, on trouve que la résistance au choc a été comme moyenne : pour la fonte de Fumel, de $0^m31$, et pour la fonte écossaise, de $0^m27$.

» De toutes les expériences qui ont été faites sur la fonte de Fumel, on peut conclure qu'elle est très dosante, qu'elle a une flexibilité très grande et serait très utilement employée pour la fabrication des projectiles, où l'on emploie généralement des fontes avancées. »

A ce témoignage officiel peut être ajouté celui de toutes les grandes maisons de construction françaises : Fives-Lille, le Creuzot, Maubeuge, la Société des Batignolles, etc., qui ont eu l'occasion d'employer les fontes provenant de cette usine.

Ces qualités résultent du mélange des minerais du Périgord ave les minerais d'Espagne.

*
* *

Passons rapidement en revue les installations accessoires des hauts fourneaux.

Machines soufflantes. — L'air injecté dans chaque haut-fourneau par deux tuyères est puisé dans un vaste réservoir où il est refoulé et comprimé par deux puissantes machines à vapeur à balancier horizontal pouvant développer chacune une force de cent chevaux et produisant une pression de 14 à 15 centimètres de mercure, à la température de 350°, température obtenue par un procédé que nous allons examiner.

Le volume total de l'air, ramené à la pression atmosphérique, qui est fourni par ces puissantes machines en vingt-quatre heures est de 95 à 100,000 mètres cubes pour chaque haut-fourneau.

Appareils a air chaud.— A sa sortie du réservoir où le refoulent les machines, l'air passe, avant de se rendre aux tuyères, dans des appareils spéciaux destinés à le chauffer à la température de 350°.

Ce chauffage ne coûte absolument rien ; en effet, au sommet de chaque haut fourneau existe une prise de gaz combustible composé en grande partie d'oxyde de carbone (30 0/0 environ) résultant des combinaisons successives de l'air avec les matières traitées.

**Société Métallurgique du Périgord.**

Machines soufflantes des Usines de Fumel.

Ce gaz descend par de larges tuyaux de tôle dans deux systèmes de conduits en briques où il s'enflamme en développant une chaleur intense. Lorsque les conduits de l'un des systèmes ont gagné une chaleur suffisante, on ferme la communication avec le haut fourneau et l'on fait arriver le gaz dans les conduits du second système. L'air destiné aux tuyères passe tour à tour

par ces conduits à mesure qu'ils atteignent la température
nécessaire, de telle manière qu'il y a toujours une partie des
appareils qui chauffe, pendant que l'autre livre passage à l'air.

Ces appareils, au nombre de quatre par haut fourneau,
développent une surface de chauffe de 500 mètres carrés: la
température produite par la combustion du gaz est de 1,200
degrés.

CHAUDIÈRES. — Le chauffage de l'air n'est pas le seul emploi
du gaz combustible du haut fourneau. Ce gaz est également
utilisé pour le chauffage des générateurs destinés à fournir la
vapeur aux machines soufflantes.

Ces chaudières sont au nombre de dix, et présentent une surface de chauffe de 250 mètres carrés.

S'il fallait produire la vapeur avec de la houille, ce serait
une dépense minima de 200 tonnes de combustible par mois,
soit environ 4,500 francs. Cette dépense est évitée en condui-
sant à l'intérieur de ces chaudières, au moyen d'une disposition
spéciale, le gaz combustible, que l'on enflamme préalablement
et qui atteint la température de 1,200 degrés.

On voit toute l'importance que prend, dans un haut fourneau bien aménagé, l'emploi du gaz combustible : à Fumel, ce
gaz sert non seulement à chauffer l'air et les générateurs, mais
il reste encore un excédent suffisant pour le chauffage des générateurs de machines accessoires représentant vingt chevaux
de force, et le séchage d'une partie des moules de la fonderie.

PATOUILLET. — A côté du haut-fourneau, fonctionne, annexe
obligée, le patouillet: on appelle ainsi l'appareil de lavage des
minerais.

Les minerais, ceux du pays principalement, arrivent char-
gés de terre : dans la livraison, le vendeur fournit toujours
10 0/0 en plus du poids payé pour parer à cet inconvénient,
mais il serait nuisible d'introduire dans le haut fourneau cette
masse d'impuretés ; au lavage le minerai s'en débarrasse, et les

boues, emportées par un courant d'eau rapide, vont se perdre dans le Lot.

DÉCRASSAGE.—Nous avons expliqué au lecteur la formation de la fonte et du laitier ; le laitier est le résidu de toutes les matières introduites dans le haut fourneau déduction faite du fer, du carbone et d'une petite partie de silicium qui reste combinée avec la fonte. Ce résidu se présente sous forme de silicates fusibles, qui surnagent au-dessus de la fonte et s'écoulent par une ouverture pratiquée à une hauteur convenable dans l'ouvrage.

Ce laitier n'a pas trouvé jusqu'à ce jour d'emploi bien courant dans l'industrie.

On a tenté de le mélanger avec de la chaux pour en faire des agglomérés, et la Société métallurgique du Périgord a fait quelques essais assez concluants dans ce sens ; mais, en général, c'est un embarras, et pour apprécier l'importance de la question, il suffit de savoir que chaque haut fourneau, à Fumel, produit par jour jusqu'à 60 mètres cubes de laitier, soit une véritable montagne au bout d'une année. Pour procurer à ces laitier un écoulement rapide on a imaginé de diriger sur eux, au moment où ils sortent à l'état liquide du haut fourneau, un violent courant d'eau froide.

Cette eau désagrège le laitier, le réduit en gravier, et l'entraine dans son cours jusqu'au Lot.

Rien de plus curieux, surtout la nuit, que ce véritable fleuve de feu.


## SECTION II

### Fonderie.

Pénétrons maintenant dans les ateliers où la fonte est employée au moulage.

Le modèle des pièces à mouler, qu'il soit en plâtre, en bronze ou plus généralement en bois, est déposé dans le sable ;

il y laisse son empreinte exacte que vient ensuite remplir la fonte en fusion, après étuvage préalable du moule.

Fort simple à décrire et à concevoir, cette opération est extrêmement délicate dans la pratique et demande des artisans habiles et expérimentés.

Il faut d'abord établir le modèle sur les dessins fournis par le constructeur: ce modèle ne saurait être tout d'une pièce, il ne serait pas maniable et, dans la plupart des cas, il serait même impossible de le mouler. Il faut donc le décomposer en plusieurs parties, et c'est une tâche délicate.

En second lieu, il faut préparer le sable avec des soins infinis, si l'on veut obtenir des produits convenables.

Ce sable est broyé dans des appareils spéciaux, réduit en poussière impalpable, et mélangé avec de la poussière de charbon.

Une fois mouillé, ce mélange offre une plasticité telle que les objets y laissent leurs reliefs les plus délicats.

La sablerie occupe dans les fonderies une place considérable et elle sollicite constamment l'œil du maître.

Celle de Fumel est parfaitement installée, et tout le travail s'exécute mécaniquement au moyen de broyeurs mélangeurs perfectionnés du système Hanctin.

La fonderie proprement dite est une halle immense d'où sortent chaque jour des pièces de toute espèce : la variété en est infinie et au-dessus de toute énumération: colonnes de toutes dimensions, coussinets de chemins de fer, plaques tournantes, bâtis de machines, etc., etc.

Le travail de cet atelier est presque un travail d'art: la main de l'ouvrier y joue le plus grand rôle.

En effet, le modèle doit laisser dans le sable son empreinte complète et régulière ; il faut l'enlever ensuite et réparer à la main, avec des outils spéciaux, les légers dégâts que cause toujours cet enlèvement. Ici pas d'outillage mécanique, des grucs seulement pour manier les lourds châssis et enlever les pièces coulées et refroidies.

Plusieurs cubilots pour la seconde fusion et des étuves pour sécher les moules de sable, complètent l'outillage.

En général, le sable, avant de recevoir l'empreinte du modèle, est battu et foulé dans des châssis en fonte ; la plupart des pièces, une colonne, par exemple, nécessitent deux châssis ; la superposition des deux châssis, représentant chacun une moitié de la colonne coupée suivant son axe, reproduira la colonne complète, et la fonte viendra remplir le vide laissé par le modèle, au moyen d'un trou ménagé dans le sable.

Si la colonne est creuse, elle nécessitera l'emploi d'un noyau, c'est-à-dire d'une pièce destinée à produire un vide dans le moulage.

Tel est le procédé général du moulage, et l'habileté du fondeur consiste à appliquer ce procédé aux pièces les plus variées dans leur forme ; les modèles qui servent à couler une pièce, compliqués des noyaux qui servent à obtenir les vides, forment souvent de véritables casse-tête chinois dans lesquels l'œil exercé du fondeur peut seul se reconnaître.

La fonderie de Fumel est connue partout : c'est de Fumel que sortent tous les gros moulages d'architecture employés dans le Sud-Ouest et une grande partie de ceux du Centre, pour les casernes, les halles, les arsenaux. Nous ne parlons pas des moulages courants destinés à la clientèle et dont la variété est infinie.

Le plus gros tonnage est fourni par les coussinets de chemins de fer.

On dénomme ainsi la pièce de fonte destinée à être fixée sur la traverse pour recevoir et maintenir le rail. La demande de ce produit est presque illimitée ; pour sa part, l'usine de Fumel en livre bon an, mal an, 10,000 tonnes.

Sur une voie double, il faut quatre coussinets, par mètre courant, leur poids est à peu près de 10 kilogrammes : c'est donc 40 tonnes par kilomètre de voie.

Nous laissons au lecteur à juger des quantités considérables qui entrent dans la construction et l'entretien d'un réseau de quelque importance.

Une halle spéciale est consacrée à cette fabrication de coussinets, dans laquelle les ouvriers ont acquis une telle habitude que c'est en se jouant et avec une rapidité vraiment prodigieuse qu'ils manient leurs modèles et leurs châssis.

Les fondeurs de Fumel avaient envoyé un véritable chef-d'œuvre à l'Exposition universelle de 1878.

Qu'on se figure un temple formé entièrement de tuyaux à brides boulonnés, affectant toutes les formes architecturales, les uns formant les colonnes, les autres formant le cintre; sous ce temple, une magnifique statue de la *Paix*, commandée spécialement à l'un de nos meilleurs artistes, M. Cambos, l'auteur de *la Femme adultère* et de *la Cigale*, et coulée en fonte à Fumel.

A l'abri de ce pavillon d'une élégance originale, et sous la protection symbolique de la Paix, se groupaient tous les spécimens de la fabrication de Fumel.

Une récompense de premier ordre a prouvé que cette exposition n'était pas restée inaperçue : c'est à cette occasion que l'honorable administrateur-délégué de la Société métallurgique du Périgord a reçu la croix de la Légion d'honneur, hautement méritée d'ailleurs par ses travaux antérieurs.


## SECTION III


### Tuyauterie.


Il existe un genre particulier de moulages, qui est l'objet d'une consommation considérable, qui se fabrique par conséquent par grandes quantités et à l'aide d'un outillage spécial; nous voulons parler des tuyaux pour la conduite des eaux et du gaz.

Ces pièces peuvent s'exécuter, comme les moulages ordinaires, dans toutes les fonderies; mais pour les obtenir économiquement, on a imaginé tout un outillage fort coûteux, il est vrai, mais qui assure le monopole de la production aux grandes maisons qui ont pu faire les sacrifices nécessaires.

Ces tuyaux se fabriquent sur une trentaine de types, dont les longueurs, les diamètres, les épaisseurs et les poids sont uniformes pour toute la France et sont réglés sur les types de la ville de Paris.

On ne compte en France que cinq usines qui possèdent au complet la série de ces modèles, et Fumel est du nombre.

Le plus petit diamètre est de 40 millimètres et pèse 16 kilogrammes; le plus grand atteint 1$^m$,10 et pèse 2,700 kilogrammes.

Les tuyaux le plus souvent demandés par les municipalités, pour leurs travaux d'adduction et de distribution d'eau, sont de la forme dite à emboîtement et cordon.

Chaque tuyau se compose d'une partie cylindrique de 3 à 4 mètres et se termine, d'un côté par un évasement très prononcé appelé tulipe ou emboîtement, et de l'autre par un léger boudin circulaire ou cordon.

Le cordon de chaque tuyau s'engage dans l'emboîtement de l'autre, et le vide est rempli avec de la corde goudronnée et du plomb coulé et matté ensuite à froid. Le plomb procure une étanchéité complète, et le cordon circulaire relie solidement les deux tuyaux.

Voici la description sommaire de cette fabrication:

Sous un immense hangar s'ouvrent des fosses rectangulaires ayant trois à quatre mètres de profondeur, selon la longueur des tuyaux à fabriquer. Dans ces fosses sont dressés des châssis en fonte, dont les dimensions varient avec la longueur et le diamètre des tuyaux ; ces châssis sont en deux parties parfaitement ajustées et reliées entre elles.

Suivons les diverses opérations de l'ouvrier.

Société Métallurgique du Périgord.

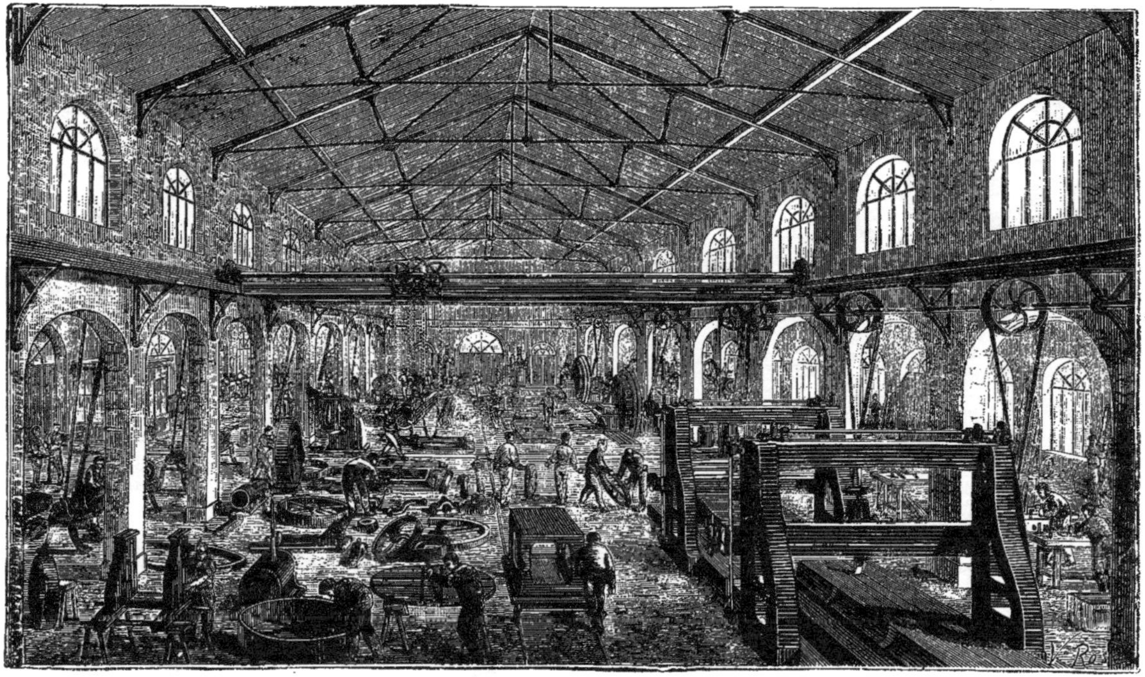

Atelier d'ajustage et montage des usines de Fumel.

D'abord il descend le modèle placé dans un châssis, c'est-à-dire une pièce en fonte soigneusement ajustée représentant la forme exacte du tuyau à obtenir.

Entre les parois du châssis et ce modèle règne un vide qu'il comble avec du sable fortement pressé; il enlève ensuite le modèle, et il obtient ainsi une empreinte exacte de l'extérieur du tuyau.

Il faut sècher ce moule; pour cela, il existe au fond des fosses toute une installation qui permet de faire ce séchage, soit à l'aide de réchauds pleins de coke, soit à l'aide du gaz combustible du haut-fourneau.

Maintenant il reste à confectionner le noyau: l'ouvrier prend un cylindre de fer appelé *lanterne*, le place horizontalement sur un appareil destiné à lui donner un mouvement de rotation, et le revèt de tresses de foin et de sable, de manière à lui communiquer la forme d'un cylindre parfait représentant exactement le vide qui doit régner à l'intérieur du tuyau.

Le noyau ainsi obtenu, on le porte à l'étuve, on le sèche et on le descend avec précaution dans le moule déjà préparé. La fonte vient couler entre le moule et le noyau et, après son refroidissement, donne un tuyau complètement terminé.

Inutile d'ajouter que toutes les manœuvres se font au moyen de grues, dont l'une, à vapeur, peut enlever 15,000 kilogrammes; ce n'est pas trop assurément lorsqu'il s'agit de manier promptement les châssis, lanternes et modèles des gros tuyaux de 1$^m$,10 de diamètre.

L'installation de cet atelier est complétée par des cubilots pouvant donner 50 tonnes de fonte par jour; mais on emploie autant que possible à cette fabrication des fontes de première fusion.

Dans ce but, une galerie souterraine est établie entre le pied du haut-fourneau et la tuyauterie.

Une poche énorme remplie de fonte est portée par un chariot roulant sur rails; arrivée sous un regard, une grue puissante la saisit, la hisse à la hauteur du sol et la déverse dans les châssis préparés comme il vient d'être dit.

Nos lecteurs ne seront pas surpris d'apprendre que ces bâti-ments, ces grues, ces étuves, cette masse de modèles, de châs-sis et de lanternes ajustées, dont il faut plusieurs jeux pour chaque diamètre, représentent une immobilisation de plus d'un million de francs.

Une fois le tuyau terminé, la grue l'enlève rouge encore ; il faut l'ébarber, c'est-à-dire le débarrasser de tous les jets de fonte ; il faut l'essayer, c'est-à-dire le soumettre à une pression de vingt atmosphères au moyen d'une presse hydrau-lique d'une installation spéciale, et finalement le goudronner, c'est-à-dire le plonger après réchauffage dans une cuve de goudron de houille ou coaltar, d'où il sort avec un brillant vernis, prêt à être livré au commerce.

L'usine de Fumel est en état de livrer au moins 600 tonnes de tuyaux par mois.

Sa clientèle s'étend de Paris à Barcelone et en Algérie.

A Paris, elle fait des fournitures constantes ; elle a livré notamment, sous l'administration de M. Belgrand, une grande partie des tuyaux de 1$^m$,10 destinés à la dérivation des eaux de la Vanne. A Barcelone et à Alger, elle a fait aussi des livrai-sons très importantes.

Elle est le fournisseur attitré des villes de Bordeaux, Or-léans, Limoges, Agen, Rodez, etc., etc.

Ajoutons que la Société métallurgique du Périgord non seulement fabrique des tuyaux, mais en entreprend la pose. Elle traite avec les municipalités l'ensemble des travaux d'ad-duction et de distribution d'eaux Ses ingénieurs mènent à bonne fin actuellement, à Dieppe, à Étampes et sur divers autres points, des travaux importants.

## SECTION IV

### Ateliers de construction.

Fumel n'est pas le domaine exclusif du fondeur ; le mécanicien et le constructeur y jouent un rôle et un rôle important.

Pénétrons dans les ateliers d'ajustage et de montage.

C'est une vaste nef, flanquée de deux annexes symétriques. Dans la nef sont les gros outils : rabotteuses, tours à fosse, machines radiales, à mortaiser, etc., etc.

A la hauteur convenable se trouve un chariot roulant, occupant toute la largeur de la nef et pouvant se déplacer d'un bout de l'atelier à l'autre ; ce chariot est armé d'un treuil puissant pour enlever et déplacer les plus lourdes pièces.

Les deux annexes sont occupées, l'une par les tourneurs et modeleurs, l'autre par les étaux des ajusteurs, par les forgerons et les petites machines-outils.

Cet outillage est complet pour tous les travaux d'ajustage de la fonte et du fer. On y construit des plaques tournantes de chemins de fer, des machines-outils, des broyeurs, des volants et des poulies, des transmissions pour usines, etc., etc.

Parmi les machines-outils qui fonctionnent dans cet atelier, le visiteur remarque une raboteuse à double effet automatique, de huit mètres de course, ayant trois mètres entre les deux bâtis, appareil vraiment gigantesque dans lequel le chariot porte-outil pèse six tonnes.

Cet atelier est toujours en pleine activité : il en sort constamment du matériel pour les compagnies de chemins de fer, et des outillages complets d'usine.

Lorsque la Société métallurgique du Périgord a voulu créer à Bordeaux une tréfilerie, c'est dans cet atelier qu'elle a construit tout son matériel.

**Société Métallurgique du Périgord.**

Atelier de Tuyauterie des Usines de Fumel.

C'est un spectacle vraiment imposant que ce travail d'ajustage des métaux.

Voici par exemple une pièce de fonte qui sort brute de la fonderie : ce sera, si l'on veut, un cylindre de machine à vapeur.

Si soigné que soit le moulage, il est impossible d'obtenir une surface de fonte assez lisse pour que le piston de la machine à vapeur puisse glisser dans l'intérieur du cylindre ; il faut donc enlever les rugosités du moulage, et mettre à nu le métal poli et brillant.

S'agit-il d'un volant, fondu généralement en plusieurs pièces, il faut que les surfaces de contact des divers segments s'appliquent rigoureusement l'une sur l'autre ; toute rugosité de la fonte empêcherait ce résultat. Il faut aplanir ces surfaces, les raboter ; il faut également aléser le moyeu du volant, pour qu'il tourne sur son axe sans frottement. Enfin, il faut percer des trous pour les boulons qui doivent relier ensemble les diverses pièces.

Le travail emprunte une difficulté spéciale au poids des pièces à manier.

Nous avons vu, dans les ateliers de Fumel, ajuster des pièces qui ne pesaient pas moins de dix mille kilogrammes ; nous les avons vues circuler d'un bout à l'autre des ateliers, passant successivement devant les outils qui devaient les polir suivant des surfaces plates (rabotage), ou des surfaces de révolution (tournage et alésage). Nous avons vu le burin d'acier enlever d'abord des copeaux de fer aussi gros que ceux que le menuisier fait jaillir sous sa varlope, puis réduire son effort pour enlever la mince pellicule d'une fraction de millimètre, qui mettra la pièce au point définitif.

Autrefois ce travail immense aurait dû se faire à la main, avec la lime et le burin. Aussi ne se faisait-il point du tout : car on reculait devant la dépense de main-d'œuvre qu'auraient nécessité de pareilles manœuvres et de pareils ajustages. C'est la gloire de la mécanique moderne d'avoir créé cette série d'engins puissants, en fer et en acier, qui économisent le temps et les salaires, et qui ne demandent à l'ouvrier qu'un intelligent travail de direction et de surveillance.

C'est dans ces ateliers d'ajustage qu'on se rend compte des conséquences morales et économiques de la machine-outil, remplaçant la main de l'homme.

On n'y voit pas d'ouvriers s'épuisant des journées entières sur un métal ingrat, à l'aide du marteau et de la lime, pour n'obtenir qu'un résultat presque dérisoire.

Cette inutile et navrante déperdition de force n'a plus lieu.

L'ouvrier n'a qu'à régler sa machine, à lui tracer sa tâche et surveiller l'exécution; son intelligence seule travaille et s'exerce sur toutes les dispositions à donner à son outil pour en tirer l'effet le plus prompt et le plus sûr. Et ce n'est point là un travail de manœuvre; entre un tourneur habile, par exemple, et un tourneur novice se servant de la même machine-outil, il n'y a point de comparaison à établir au point de vue de la qualité et de la quantité du travail produit.

Exiger davantage de l'intelligence et moins des muscles : tel est le caractère de l'outillage mécanique.

Les conséquences économiques ne sont pas moins saisis-santes.

La difficulté que présentait jadis le travail d'ajustage de ces rudes métaux en rendait l'emploi fort coùteux et par conséquent fort rare.

Un fou seul aurait songé, il y a un siècle, à faire un pont métallique, à construire un navire en fer : aujourd'hui ce sont là des opérations courantes.

Au lieu de mille ouvriers réduits à leurs bras et à quelques outils grossiers, pour produire un travail déterminé à des conditions de prix exorbitantes, dix ouvriers dirigeant des machines-outils produiront le même travail à un prix cent fois moindre. La **conséquence est facile à saisir** : la consommation s'accroît sans cesse, le besoin d'ouvriers est toujours plus considérable, la main-d'œuvre se raréfie et le salaire augmente.

Le bien-être général bénéficie de toute cette production à laquelle il ne fallait point songer jadis.

Les chemins de fer n'auraient jamais été qu'une curiosité luxueuse, sans les progrès de la construction métallique. Qu'on juge, dès lors, de quel puissant instrument était privée la civilisation contemporaine?

On peut faire le tour des immenses ateliers de Fumel, le jour ou la nuit, au choix du visiteur, car, grâce à de puissants appareils d'éclairage électrique, système Gramme, il y règne constamment une lumière abondante. Remarquons, en passant, que l'usine de Fumel est une des premières qui aient adopté ce nouveauté procédé d'éclairage.

---

Nous ne quitterons point l'usine sans avoir visité la Briqueterie réfractaire où sont moulées et cuites toutes les briques nécessaires à la construction et à la réparation du haut-fourneau et des cubilots.

Ces briques, sans cesse exposées à des températures qui s'élèvent jusqu'à 1,500 degrés, doivent être fabriquées avec un mélange de sable et d'argile spécial. La brique d'argile ordinaire, qui renferme des oxydes métalliques, se décomposerait trop vite. L'excellence des produits réfractaires obtenus à Fumel les fait rechercher par toutes les forges du Sud-Ouest.

---

L'ensemble des usines de Fumel occupe environ six cents ouvriers et la force mécanique développée est de 400 chevaux vapeur, abstraction faite de la force hydraulique.

# SECTION V

## Résumé.

L'usine de Fumel est le type complet de l'industrie de la fonte : elle la produit et l'emploie en moulages bruts ou ajustés. Elle reçoit du combustible et des minerais : elle rend des pièces terminées, prêtes à être mises en œuvre.

Ces combustibles et ces minerais, cassés, triés et lavés, passent dans les hauts-fournaux, s'y combinent, et en sortent sous forme de fonte liquide, qui va dans les ateliers de la fonderie, se façonner en moulages.

Ces moulages sont ébarbés, nettoyés, ajustés s'il y a lieu, puis livrés au commerce.

La série des transformations est donc complète.

Un grand nombre d'établissements se bornent à la production de la fonte brute, dont ils ont ensuite à chercher l'écoulement chez les fondeurs. Mais que la fonte anglaise vienne à baisser et encombre le marché, il leur faut entasser leur production s'ils ne veulent pas l'écouler à vil prix.

D'autres usines se bornent au moulage et achètent la fonte. Qu'il survienne une hausse générale de la fonte brute : les établissements sont à la merci du haut-fourneau qui leur enlève toute chance de bénéfices par ses prétentions à des prix exagérés.

L'établissement de Fumel est à l'abri de ces deux dangers : appuyé sur des marchés de combustible et de minerais, de longue durée, il est assuré d'un prix de revient constant pour la fonte qu'il produit lui-même ; d'autre part, l'écoulement de cette fonte est certain pour lui, puisqu'il en a l'emploi sous forme de produits spéciaux.

Il ne craint donc pas la baisse, et la hausse lui réserve des bénéfices importants qu'il ne partage avec personne.

Sa situation géographique est telle, d'ailleurs, qu'il ne redoute aucune concurrence sérieuse sur tout le marché compris entre la Garonne et les Pyrénées et même entre la Loire et la Garonne, où il dispose d'une sérieuse clientèle.

Bordeaux, Cette et Perpignan sont ses marchés pour l'exportation.

Il ne se passe pas une année sans que Fumel envoie en Amérique ou en Espagne un millier de tonnes de fontes moulées.

On conçoit que ce n'est pas sans une immobilisation énorme de capitaux que se créent de pareils ensembles. Comme valeur purement immobilière, ces usines représentent environ deux millions, mais, en tant que valeur industrielle, les devanciers de la Société métallurgique du Périgord ont affecté à l'établissement de l'usine Fumel plus du double de cette somme.

Et dans ce chiffre de deux millions ne sont compris : ni l'outillage proprement dit, ni l'approvisionnement en minerais, combustibles, etc., ni le stock de marchandises qui doit être fabriqué à l'avance. Dans ce chiffre n'est pas comprise non plus : la valeur de la chute d'eau que possède la Société, force toute gratuite pouvant donner une moyenne de 400 chevaux de force.

Pour produire, avec de la vapeur, une force équivalente, il faudrait une consommation minima de 4,000 tonnes de houille par an, soit une dépense de 100,000 francs !

Cette force la Société la réserve pour l'exécution de projets futurs arrêtés déjà en principe.

Un danger permanent menace les établissements similaires de Fumel : l'épuisement des minerais ou des houilles dont la proximité a motivé l'installation.

Ce danger n'existe pas pour Fumel.

Les houilles lui arrivent d'Angleterre, par Bordeaux, et les bassins de Carmeaux et de l'Aveyron se disputent sa clientèle. Quant aux minerais, leur extraction n'est pas limitée à une ou deux concessions, c'est tout le pays environnant qui les produit en abondance; ils sont inépuisables.

Sûre de ses approvisionnements, certaine de l'écoulement de ses produits et d'un écoulement que les plus mauvais jours de l'industrie métallurgique ont laissé rémunérateur, l'usine de Fumel a devant elle de longues années de prospérité. Quelles que soient les révolutions de l'industrie métallurgique, c'est toujours en mettant en œuvre du combustible, du minerai et de la force motrice qu'on obtiendra des produits ; à ce triple point de vue, l'usine de Fumel n'a rien à désirer.

# CHAPITRE III

## Bordeaux. — Fours à coke.

Le voyageur qui arrive à Bordeaux par la ligne d'Orléans aperçoit, au sortir du tunnel de Lormont, entre la voie ferrée et la Garonne, un massif cubique de maçonnerie de brique,

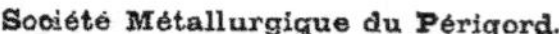

**Société Métallurgique du Périgord.**

Fours à coke et fonderie de Bordeaux-La Bastide.

surmonté d'une énorme cheminée qui vomit constamment des flots de fumée noire mêlée de flammes.

C'est l'établissement dans lequel la Société Métallurgique du Périgord fabrique le coke nécessaire à l'alimentation des hauts-fourneaux de Fumel. La situation topographique de cette nouvelle usine est comparable à celle de Fumel.

Établie sur un terrain de plus de cinq hectares, elle est riveraine de la Garonne, et accessible par là, au moyen d'une estacade, aux steamers qui apportent la houille et le minerai; en outre, elle est à proximité de la ligne d'Orléans à laquelle la relie un embranchement.

Ces vastes terrains, à la porte de Bordeaux, ont, pour la Société du Périgord une destination d'avenir : elle s'est bornée à y installer des fours à coke, mais, les années prospères aidant, elle espère bien les couvrir un jour d'usines, qui seront les plus importantes de la contrée.

Assurément, des hauts-fourneaux et une aciérie ont là leur place toute marquée et l'on peut considérer les deux grandes Compagnies du Midi et d'Orléans comme leurs clientes assurées.

La grande métallurgie n'est possible que dans les ports de mer, c'est un principe qui tend à s'imposer tous les jours. Mais pour l'y installer il faut des millions. La Société métallurgique de Périgord est jeune encore, elle n'est point téméraire ; elle a posé des jalons pour l'avenir, elle s'en tient là pour le moment

En outre de ses fours à coke elle n'a édifié, sur cette propriété, qu'un modeste établissement de fonderie pour servir exclusivement sa clientèle bordelaise.

Cette fonderie livre par jour 3,000 kilogrammes de moulages courants.

Elle emploie des fontes anglaises qui reviennent à bon compte à Bordeaux et tire les cokes de ses propres fours.

Cette fonderie est le germe d'un établissement qui peut devenir aussi considérable que celui de Fumel.

Société Métallurgique du Périgord.

Vue intérieure de la Fonderie de Bordeaux-Bastide.

Le public ne connaît généralement, comme résidu de la distillation de la houille, que le coke employé au chauffage domestique.

Le coke destiné à la métallurgie demande d'autres qualités : il doit être obtenu en fragments beaucoup plus gros, afin de mieux résister au choc de l'air des tuyères ; il doit contenir peu de principes sulfureux qui nuiraient à la qualité de la fonte et du fer.

Enfin la houille destinée à le produire ne doit contenir, à l'inverse des houilles à gaz, que le moins possible de principes volatils qui constituent un déchet sans compensation.

On peut se demander pourquoi la houille n'est pas jetée directement dans le haut-fourneau? Quelle nécessité y a-t-il de la transformer en coke avec un déchet qui n'est jamais inférieur à 25 0/0?

La raison en est que la houille est loin d'être du carbone pur. En l'introduisant telle quelle dans le haut fourneau, on y introduirait quantité d'éléments nuisibles à la qualité du produit à obtenir, sans rien gagner en chaleur. L'idéal pour le métallurgiste consisterait à introduire dans le haut fourneau du carbone pur : il n'y faut point songer, mais enfin on doit se rapprocher de ce but autant que possible. La transformation de la houille en coke a donc pour but de débarrasser la houille de tous les éléments autres que le carbone : cette opération prend le nom de carbonisation. Le coke est théoriquement du carbone pur ; en réalité il contient un minimum de 5 à 6 0/0 de cendres, c'est-à-dire de matières étrangères impropres à alimenter la combustion ; cette proportion, s'élève parfois jusqu'à 14 et 15 0/0 lorsque l'on traite des houilles médiocres. Il contient également une assez forte proportion d'eau comme nous allons le voir.

Les houilles françaises sont généralement moins propres à la fabrication du coke que les houilles anglaises : elles nécessitent un lavage préalable, toujours coûteux, et qui entraîne un déchet considérable. Les houilles anglaises au contraire, sont très pures, elles peuvent être carbonisées directement sans lavage ; aussi donnent-elles un coke très estimé. C'est en raison de cette supériorité que la Société métallurgique du Périgord a installé à Bordeaux ses fours à coke. Les charbons anglais de Newcastle et de Cardiff lui arrivent par navires de 1,000 tonnes à pied d'œuvre, puisque sa propriété est riveraine de la Garonne.

En exagérant légèrement les faits, on pourrait dire que l'ouvrier prend la houille dans la cale du navire pour la jeter dans les fours à coke.

Les fours à coke de Bordeaux se composent d'abord d'un massif de 830 mètres carrés sur $2^m,40$ de hauteur solidement assis sur des fondations en béton. Sur ce massif s'en élève un second de 22 mètres de longueur sur 10 de largeur et $2^m,40$ de hauteur. Le second massif est disposé sur le premier de manière à réserver de chaque côté dans le sens de la longueur une plate-forme large de 10 mètres. C'est dans ce second massif que sont ménagés les vingt fours à coke système Coppée. Ces fours, de forme prismatique rectangulaire, ont deux portes et occupent toute la largeur du massif. Ils sont munis d'ouvertures à la partie supérieure pour le chargement. Le charbon est élevé par un monte-charge à la hauteur nécessaire, de là il roule dans des wagonnets sur toute la plate forme supérieure de la construction pour desservir toutes les ouvertures de chargement.

Chaque four reçoit par vingt-quatre heures environ 3,200 kilogrammes de houille. En vingt-quatre heures la cuisson est terminée et on procède au défournement.

Une machine appelée défourneuse se meut parallèlement aux fours, sur des rails posés sur la marge réservée entre le massif inférieur et le massif supérieur : elle se compose d'un moteur actionnant une longue crémaillère terminée par un bouclier en tôle. On ouvre la porte du four, la crémaillère s'avance, le bouclier refoule le gateau de coke qui sort par la porte opposée du four.

Ce coke est incandescent, on l'inonde d'eau à l'aide de

lances, et il se divise spontanément en fragments de grosseur variable. En cet état, il ne reste plus qu'à le transborder dans les wagons de la Compagnie d'Orléans dont la partie supérieure vient affleurer la plate-forme où se fait l'extinction.

Rien de plus simple, rien de plus économique.

Chaque four produit environ 2,400 kilogrammes de coke par 24 heures, c'est un total de 48 tonnes par jour pour la batterie entière.

Descendons maintenant des fours à coke jusqu'au fleuve, en admirant le magnifique établissement de la Société Générale des grandes Tuileries mécaniques qui se trouve vis-à-vis. Arrivés sur le port, nous aurons sans doute l'occasion de voir décharger un navire charbonnier de Newcastle ou de Cardiff destiné à l'alimentation des fours à coke. Ces charbons subissent un triage : la partie la plus menue est dirigée sur les fours, et le reste est envoyé aux diverses usines de la Société pour le service des générateurs et des fours à puddler.

Interrogeons les agents de la Société, ils nous révèleront bien des choses intéressantes au point de vue des transports maritimes. Ils nous apprendront que la Société Métallurgique du Périgord reçoit mensuellement à Bordeaux trois mille tonnes de houille et mille tonnes de minerais d'Espagne ou d'Afrique; ils nous diront que ce chiffre doit être doublé sous peu, et nous nous expliquerons alors l'intérêt que trouve l'industrie du fer à se placer dans les ports dont ils font la vie et la prospérité. Quel avantage immense que de transformer sur place cette matière première au lieu de l'emporter dans les terres avec des transports onéreux!

On a objecté qu'il est dangereux pour une usine d'attendre tous ses approvisionnements de l'étranger, qu'on subit ainsi toutes les fluctuations des cours, et que dans les époques de hausse ces approvisionnements deviennent aléatoires et onéreux. Soit, mais ces époques de hausse sont-elles l'état normal? Sur dix années on en compte une à peine pendant laquelle l'étranger élève des prétentions exorbitantes, mais cette même année le prix de la matière fabriquée s'élèvera lui-même à un taux assez élevé pour rétablir l'équilibre. Les installations faites en vue des époques normales sont les seules raisonnables. Pendant ces époques, les houilles anglaises et les minerais étrangers viennent à l'envi s'offrir au travail français.

# CHAPITRE IV

## Usines de Bacalan.

Traversons maintenant la Garonne sur l'une de ces embarcations à vapeur si populaires et si commodes à Bordeaux ; abordons auprès des nouveaux bassins à flot ; de là, en dix minutes de marche le long du fleuve nous arriverons à la forge de Bacalan, construction vaste et imposante dont la laborieuse activité est signalée de loin aux visiteurs par des cheminées toujours empanachées de vapeur et de fumée.

La situation de cet établissement est éminemment favorable : il est riverain de la Garonne, une estacade de près de cent mètres de longueur le reliera au lit profond du fleuve le jour très prochain où sera arrêté définitivement le tracé de la risberne qui doit rétrécir le port à cet endroit. Actuellement, cette estacade se développe sur quatre-vingts mètres, ce qui ne permet de recevoir les approvisionnements qu'à la marée haute, mais cette situation n'est que transitoire.

C'est par eau que la forge reçoit ses gros approvisionnements en houilles et fontes. Les charbons de bois lui arrivent des Landes et du Médoc à des prix très modérés, et par voie de terre.

Pénétrons dans la forge : nous y serons d'abord aveuglés par l'éclat des fours, par la vapeur, et étourdis par le bruit des machines : prenons donc un guide qui nous dirigera à travers ce véritable enfer.

Le travail, dans cette usine, peut se diviser en trois groupes que nous étudierons successivement :

Société Métallurgique du Périgord.

Vue à vol d'oiseau de l'usine de Bordeaux-Bacalan.

1° Transformation de la fonte et de la ferraille en loupes de fer brut ;

2° Réchauffage et laminage de ce fer brut ;

3° Finissage des produits, tréfilerie et pointerie.

Nous jetterons ensuite un coup d'œil sur la théorie générale du travail et sur la solidarité qui relie ces diverses opérations.


## SECTION I

### Affinage et Puddlage.

La transformation de la fonte et de la ferraille en fer se pratique par deux procédés : l'affinage et le puddlage.

Nous avons exposé au début de cette notice la théorie de l'affinage.

On affine à Bacalan au bas foyer, dit foyer comtois. L'appareil est extrêmement simple, c'est un four carré en briques réfractaires dont la sole est au niveau de l'atelier; il est muni sur le devant d'une large plaque de fonte sur laquelle l'ouvrier trouve un point d'appui pour le maniement du ringard. Une tuyère y chasse de l'air, et une ouverture est ménagée pour l'écoulement des scories. Les flammes perdues passent dans un conduit, vont chauffer l'eau d'un générateur placé au-dessus du four, et contribuent ainsi à la production de la vapeur qui sert de force motrice pour tout l'atelier.

Le forgeron allume un feu de charbon de bois : il place ensuite sur la masse incandescente une charge de fonte et de ferraille en proportion variable suivant la qualité du fer à obtenir.

La charge totale varie de 75 à 100 kilogrammes ; la durée de l'opération dépend de la proportion de ferrailles : plus cette proportion est grande, plus l'opération est courte. En marche normale, c'est-à-dire avec 25 0/0 de ferraille et 75 0/0 de fonte, la durée de l'opération est de deux heures et demie.

La loupe de fer une fois formée est retirée du feu, placée sur un chariot de tôle et portée sous un pilon à vapeur qui la martèle, en fait sortir ce qu'elle contient encore de scories et lui donne une forme à peu près rectangulaire.

Sans laisser refroidir la masse on la porte à un laminoir appelé dégrossisseur. Ce laminoir se compose de deux cylindres tournant l'un sur l'autre avec une vitesse très modérée: dans ces cylindres sont ménagées des rainures dont la largeur et la profondeur vont en décroissant. La masse passe successivement entre les cannelures des cylindres, s'allonge et finalement se change en une barre de fer à section carrée de quatre à cinq centimètres de côté.

En cet état, le fer prend le nom de billettes ou massiaux. On le laisse refroidir, puis on le porte sous la cisaille qui le divise en morceaux de poids variable, mais généralement de cinq à dix kilogrammes. Le cisaillage à froid permet aux praticiens expérimentés de juger la qualité du fer à l'aspect de la cassure: le cisaillage à chaud exige moins de force mais ne fournit pas la même source d'appréciations.

Les fontes traitées à Bacalan sont d'excellente qualité; elles proviennent des hauts-fournaux des Landes où se conserve encore l'antique industrie de la fonte au bois, nécessaire d'ailleurs dans ces régions pour utiliser les charbons de bois de pin, unique production des dunes sablonneuses qui bordent l'Océan. L'Ariège apporte également son contingent, et ses minerais incomparables lui permettent de rivaliser avec les fontes des Landes.

On obtient ainsi des fers d'une qualité supérieure, tels qu'il les faut pour la fabrication des fils de fer fins qui font la réputation de la Société métallurgique du Périgord.

La forge de Bacalan possède quatre feux d'affinerie pouvant produire 4,000 kilogrammes de billettes par vingt-quatre heures.

Cette fabrication du fer affiné est forcément limitée : les produits sont coûteux et ne sont demandés que par des

industries spéciales auxquelles des fers irréprochables sont
nécessaires.

On se rend compte de l'élévation du prix de revient en
réfléchissant que les meilleures fontes donnent, au bas foyer,
un déchet de 20 0/0, et qu'il ne faut pas moins de 4 mètres
cubes de charbon pour affiner 1,000 kilogrammes de fonte.

*
* *

Passons maintenant du côté des puddleurs.

Le genre de travail est ici tout différent, aussi bien que
les matières employées. La fonte est toujours l'élément indispensable, mais le charbon de bois fait place à la houille. Ce combustible impur ne pouvant être mis en contact avec le métal à
transformer, le four à puddler est conçu sur un tout autre
plan que le four d'affinage.

Le four à puddler se présente sous l'aspect d'un massif cubique
oblong, bâti en briques, que maintiennent de solides armatures
métalliques. La houille se charge par une porte située à l'extrémité du massif, sa combustion s'effectue sans soufflerie, par le
seul effet d'un tirage énergique exercé par une cheminée convenablement disposée. La chaleur dégagée par cette combustion
se développe dans un four à réverbère où s'introduisent, par
une ouverture spéciale ménagée dans le grand côté du massif,
les charges de fonte. C'est dans ce four que s'exercent les
réactions chimiques dont nous avons donné plus haut la théorie
sommaire. Le puddleur surveille l'opération, et il faut un œil
vraiment aguerri pour discerner quelque chose de précis dans
la fournaise où bouillonne le métal.

Lorsqu'il juge le moment arrivé, il saisit un ringard, ras-
semble le métal réduit à l'état pâteux et en forme des boules :
pour lui c'est le moment du travail pénible. Le visage en feu,
inondé de sueur, il faut qu'il manie devant un foyer, porté à
une température de 1,800 degrés, des masses de fer pesant
plus de 100 kilogrammes.

Des hommes d'une vigueur exceptionnelle peuvent seuls

exercer cette redoutable et difficile profession; aussi les salaires sont-ils généralement élevés.

Les boules formées ainsi sont soumises aux mêmes opérations mécaniques que les loupes du feu d'affinerie. Elles sont
pilonnées, dégrossies et finalement cisaillées.

Les charges introduites dans le four à puddler sont généralement de 220 kilogrammes, et l'opération dure de 1 heure
1/2 à 2 heures, selon la qualité des fontes. La production
moyenne d'un four à puddler est donc de 3,000 kilogrammes
par vingt-quatre heures.

Ajoutons, pour compléter cette description, que le calorique
dégagé par la houille est amené, après avoir chauffé le four
à réverbère, sous des chaudières servant de générateurs. La
houille consommée sert donc à deux fins, elle dénature la
fonte et elle produit la vapeur qui alimente la force motrice
de l'usine.

La même disposition est appliquée aux fours d'affinerie; mais
les résultats produits par les fours à puddler sont bien supé-
rieurs, par suite de la plus grande quantité de combustible
consommé.

La production d'un four à puddler, en marche normale, étant
de 3,000 kilogrammes de fer, on peut admettre qu'en moyenne
chaque four à puddler consomme de 2,000 à 3,300 kilogrammes de houille, suivant la nature des fontes.

C'est un chiffre fort respectable; aussi les chaudières
adjointes aux fours à puddler, lorsqu'elles sont d'un bon système et bien établies, produisent-elles jusqu'à vingt-cinq chevaux-vapeur, tandis que celles des feux d'affinerie en donnent
de six à huit.

La qualité du fer, obtenu à Bacalan par le puddlage, est
excellente tout en restant inférieure à celle des fers au bois
Cette qualité dépend naturellement des fontes qui composent les
charges, et de la pureté des houilles, mais la Société du Périgord, qui met la qualité au-dessus de tout et qui s'en trouve

d'ailleurs fort bien, ne traite que des fontes de choix et n'emploie que des charbons anglais.

L'usine de Bacalan possède cinq fours à puddler et en comptera six prochainement.

Le déchet au four à puddler est bien moindre qu'au four d'affinerie ; il est d'environ 10 0/0.

Pour le diminuer, on introduit dans les charges une certaine proportion de scories de feux d'affinerie, riches en métal qui entrent en fusion et contribuent à la formation des boules.

Telle est la description sommaire du puddlage, qui est aujourd'hui le véritable procédé industriel de fabrication du fer. Seul il permet la production à bon marché qui sollicite la consommation ; conduit convenablement il donne des produits très suffisants pour les emplois ordinaires, et principalement pour les gros fers. Il est, d'ailleurs, l'objet d'études et de perfectionnements incessants. L'objectif principal des inventeurs est d'y supprimer le rôle de l'homme et d'en faire une opération purement mécanique ; il est permis d'espérer que ces tentatives aboutiront à des applications industrielles, et la Société métallurgique du Périgord ne sera pas la dernière à appliquer le perfectionnement.

Un troisième procédé pour la fabrication du fer, procédé mis en pratique dans toutes les forges importantes, est également appliqué à Bacalan.

A vrai dire, ce n'est pas un procédé de fabrication ; il consiste à réunir des ferrailles en paquets maintenus par une enveloppe de vieille tôle. Ces paquets sont réchauffés à blanc et portés au laminoir.

On obtient, par ce procédé, des fers excellents, si les paquets ont été judicieusement composés. Cette composition est un art véritable et exige des ouvriers spéciaux et expérimentés. Le déchet est considérable, surtout lorsque l'on traite des ferrailles menues et fortement oxydées.

# SECTION II

## Laminage.

Les billettes ont été obtenues, mais elles ne constituent encore que le produit brut; il reste à leur donner la forme définitive qui règlera leur emploi dans le commerce. Elles retiennent d'ailleurs une notable proportion de scories et d'impuretés dont le pilonnage ne les a pas débarrassées entièrement.

Pour les purifier et leur donner la forme voulue, on se sert de fours à réchauffer et de laminoirs.

Les billettes sont portées au four à réchauffer par charge de 250 à 300 kilogrammes. En 30 à 35 minutes, elles sont à la température convenable. Attendre plus longtemps serait provoquer des déchets coûteux. A proximité, est le laminoir. Ses cylindres portent des cannelures multiples et tourne avec une vitesse qui atteint, pour les petits fers, quatre cents tours à la minute.

La billette blanche arrive, passe entre les premières cannelures, est reçue par un ouvrier armé de tenailles qui l'introduit dans les cannelures suivantes; elle s'allonge tout en modifiant sa section suivant le profil à obtenir définitivement, elle sort du laminoir encore rouge, et sous forme de fer plat, rond, carré, etc. Mais elle n'a pas parcouru la série des cannelures qu'une autre la suit déjà, et ainsi de suite jusqu'à ce que la charge entière ait passé.

Le caractère de cette opération est la célérité.

Les laminoirs de Bacalan se composent d'une machine à vapeur verticale de cent cinquante chevaux, à détente et à condensation : de chaque côté de cette machine s'alignent deux trains de laminoirs. L'un de ces trains est formé de sept cages contenant chacune des cylindres cannelés ; il est spécialement destiné à la fabrication des petits fers ronds pour la tréfilérie.

Ces fers appelés communément *machine*, ont un diamètre de 4 à 5 millimètres ; ce train prend le ·rom de train-machine ou *petit-mill*.

L'autre train est composé de cinq cages. Il est destiné à la fabrication des fers pour la serrurerie, fers plats, carrés ou ronds. A Bacalan, il fabrique spécialement des feuillards pour la tonnellerie, article de grande consommation à Bordeaux.

Ces deux trains peuvent être conduits par la machine de cent cinquante chevaux séparément ou simultanément, et chacun est desservi par un four à réchauffer spécial. Roulant constamment et lancés à toute vitesse, ils peuvent produire près de trente tonnes de fer fini par jour.

Pour leur préparer l'ouvrage, on a placé en avant de chacun de ces deux grands trains finisseurs, un petit train ébaucheur appelé train d'aisance et animé d'une vitesse moindre. C'est entre les cylindres du train d'aisance que passe d'abord la billette avant d'aborder les cylindres qui font quatre cents tours à la minute, vitesse formidable qui rendrait le laminage extrêmement dangereux avec des pièces qui n'auraient pas été préalablement dégrossies.

Le travail du train-machine est assurément l'un des plus curieux qui se puissent voir.

En quelques secondes, la billette doit s'allonger dans la proportion de un à soixante-dix, et même cent, suivant le diamètre à obtenir. A peine le fer sort-il d'une cannelure, qu'il est introduit dans une autre par le lamineur, qui le guette ; il s'ensuit que le cordon de fer rouge passe simultanément dans les sept cages du laminoir, semblable à un serpent dont les anneaux s'enlacent les uns dans les autres. Sorti de la dernière cannelure, un enfant le porte en courant à un tourniquet qui l'enroule rapidement et donne à la charge entière la forme d'une couronne.

Le métier du lamineur est moins pénible que celui du puddleur, mais il est plus dangereux. Il est exercé ordinairement par des jeunes gens, car il exige l'agilité avant tout. Les accidents sont malheureusement assez fréquents. Ces énormes machines à vapeur, ces laminoirs, sont animés de vitesses qui occasionnent souvent des ruptures dont les conséquences sont terribles : toute fausse manœuvre dans le maniement du fer peut être mortelle pour l'ouvrier, sans parler du danger d'être saisi par les laminoirs en marche.

Les précautions ont été accumulées à Bacalan pour ménager l'ouvrier.

Le réchauffage et le laminage font subir aux billettes un déchet d'environ 10 0/0. La consommation de houille pour le réchauffage varie entre 300 et 400 kilogrammes par tonne de fer fini. Les flammes perdues du four à réchauffer sont utilisées sous des générateurs ; elles produisent un effet utile très considérable ; chaque four à réchauffer fournit 30 chevaux-vapeur ; Bacalan compte trois fours à réchauffer.

Le fer est en état d'être livré à la tréfilerie, nous l'y suivrons dans un instant, après avoir jeté un coup d'œil sur l'ensemble de la forge.


## SECTION III


### Résumé.


En résumé, il faut obtenir dans le travail de la forge deux résultats bien distincts : 1° de la chaleur pour produire l'effet chimique de la transformation de la fonte en fer; 2° de la force pour produire les effets mécaniques du laminage.

Lorsqu'une forge se trouve sur un cours d'eau permettant l'installation de turbines puissantes, on n'a besoin de recourir au combustible que pour les effets chimiques.

Société Métallurgique du Périgord.

Vue intérieure de l'Atelier de forge de Bordeaux-Bacalan.

Mais lorsque cette ressource lui manque, l'ingénieur est conduit à tirer de la même source et l'effet chimique et l'effet mécanique, c'est-à-dire à employer le même calorique d'abord à la réduction de la fonte et au réchauffage des billettes, et ensuite à la production de la vapeur nécessaire aux machines motrices des laminoirs.

C'est ainsi que nous avons vu, dans les usines de la Société métallurgique du Périgord, tous les fours munis de leur chaudière.

Toutes ces chaudières sont en communication de manière à obtenir une tension uniforme, et la vapeur est dirigée par des prises convenablement ménagées jusque sous le piston des machines.

On voit ainsi la solidarité qui règne entre les parties de ces immenses ateliers.

Pour que la partie mécanique fonctionne, il faut que les fours produisent du fer. Cette production augmente-t-elle, immédiatement la force mécanique augmente : en effet, si l'on fait passer plus de charges au four à puddler et au four à réchauffer, on y emploiera plus de combustible, on y développera plus de chaleur, par conséquent on y produira plus de vapeur, ou plutôt de la vapeur dont la force élastique est plus grande. Au contraire, les fours à puddler chôment-ils, alimente-t-on mollement le four à réchauffer, soudain la tension de la vapeur baisse, la force manque, les laminoirs ne fonctionnent plus et sont incapables de faire le peu d'ouvrage qu'on sollicite d'eux.

L'idéal du métallurgiste, c'est la concordance parfaite entre l'effet chimique et l'effet mécanique ; mais cet idéal est aussi difficile à atteindre que tout autre, et il faut savoir se contenter du relatif.

La Société métallurgique du Périgord a jugé prudent et pratique de se munir de bonnes et puissantes chaudières de secours, pouvant donner ensemble 150 chevaux de force ;

lorsque la tension générale de la vapeur dans la forge ne suffit
pas ou suffit à grand'peine, ces générateurs de secours entrent
en jeu et rétablissent l'équilibre.

Ils constituent le véritable régulateur de la force motrice de
la forge.


## SECTION IV

### Tréfilerie et Pointerie.


Nous avons vu la barre de fer, au sortir du laminoir, se
diriger sur la tréfilerie.

Une opération préliminaire, le décapage, ne nous arrêtera
pas longtemps. On plonge les couronnes de fer dans un mélange d'eau et d'acide sulfurique pour enlever la rouille ; on
active le décapage en introduisant de la vapeur dans les cuves
et en élevant ainsi la température du liquide.

L'outillage de tréfilerie est un outillage purement mécanique
dont voici la description sommaire.

Le fer à étirer, roulé en couronne, est placé sur un léger
tourniquet en bois très mobile; l'ouvrier saisit l'extrémité du
fil, la forme en pointe avec quelques coups de marteau, et introduit cette pointe dans la filière : devant cette filière tourne une
bobine métallique ayant la forme d'un tronc de cône et muni
d'une pince articulée : cette pince saisit la pointe qui dépasse
la filière, et la bobine mise en mouvement entraîne le fer, le
force à s'étirer en traversant la filière et l'enroule de nouveau,
en couronne brillante comme de l'argent.

La filière se compose d'une plaque d'acier ayant sensible-
ment la forme des battoirs dont se servent les laveuses. Le
manche sert à fixer la filière, les trous soigneusement cali-
brés sont percés dans la partie la plus large.

Société Métallurgique du Périgord.

Atelier de tréfilerie des usines de Bordeaux-Bacalan.

Tel est l'outillage du tréfileur, et nous en aurons complété la description en ajoutant que l'ouvrier a constamment auprès de lui des baquets remplis de mélanges acidulés pour décaper les fers atteints par la rouille.

Le fer en passant par les filières devient roide *et s'écrouit* : ce n'est point un inconvénient pour la production du gros fil de fer qui ne demande qu'une ou deux passes, mais si l'on veut obtenir des fils de fer fins, les passages répétés à la filière rendraient le fer tellement cassant qu'il n'aurait aucune valeur.

Pour parer à cet inconvénient on recuit le fil de fer entre les passes à la filière.

A cet effet on le place, roulé en couronne, dans une cuve en fonte munie d'un couvercle et d'un tuyau pour permettre l'évacuation des gaz. Cette cuve est exposée à un foyer de température convenablement aménagé et appelé *four à recuire;* le fer soumis à ce chauffage en vase clos, s'amollit, devient souple et maniable, et prend une couleur bleue sombre ou noire. L'industrie le demande fréquemment sous cette forme, pour tous les travaux qui exigent une grande flexibilité. Les fils de fer recuits sont donc livrés partie au commerce, partie à la tréfilerie pour y être soumis à de nouvelles passes qui, alternées avec de nouveaux recuisages les conduisent aux plus faibles diamètres.

Les bons fers descendent facilement au diamètre d'un demi-millimètre, c'est-à-dire qu'il en faut une longueur de 665 mètres pour faire un kilogramme !

Les fers excellents, tels que Bacalan les produit à ses feux d'affinerie, descendent jusqu'au diamètre incroyable de quatorze centièmes de millimètre, c'est-à-dire qu'il en faut une longueur de 9,000 mètres pour un kilogramme ! Un fil, de ce diamètre faisant le tour du globe terrestre pèserait moins de 4,500 kilogrammes !

A l'Exposition de 1878, la Société métallurgique du Périgord avait dans ses vitrines une perruque bouclée magnifique, composée de brins de fils de fer de ce diamètre, c'était assurément l'une des curiosités de la section métallurgique.

Les fils de fer exceptionnellement minces prennent le nom de fils *carcasse*, ils ne sont guère employés que par les fleuristes et les relieurs.

Les tréfileurs sont divisés en deux grandes catégories : les uns, produisant les gros fils de fer, prennent le nom de *loups*, les autres, produisant les fers fins, s'appellent *lyères*.

Nous ne nous étendrons pas sur l'emploi du fer en fils : c'est une des formes les plus communes de son utilisation dans les usages industriels et même domestiques.

Les télégraphes en consomment de grandes quantités. La Société métallurgique du Périgord est l'un des fournisseurs attitrés du Ministère des postes et télégraphes.

La culture de la vigne dans le Midi en absorbe des masses importantes.

Des pieux en fer sont rangés en lignes droites convenablement espacées; on fixe sur les pieux deux ou trois longueurs de fils de fer l'une au-dessous de l'autre; on obtient ainsi une sorte d'espalier sur lequel végète et se développe la vigne. Cet appareil métallique remplace l'antique échalas, dans le Médoc et dans toutes les régions où la culture rationnelle remplace les errements en usage dans l'enfance de l'industrie.

Lorsque le fil de fer doit être soumis à l'action des agents atmosphériques, on assure sa durée en le recouvrant d'une mince couche de zinc qui le préserve de l'oxydation. Les fers ainsi préparés sont dits fers zingués ou *galvanisés*, pour employer un terme technique, mais absolument impropre. L'électricité, en effet, n'a rien à voir dans le zinguage pas plus que dans l'étamage oblique.

Pour galvaniser une couronne de fil de fer, on la place, après une recuite préalable, sur un tourniquet très mobile; l'ouvrier saisit l'extrémité du fil, lui fait traverser un bain de zinc

en fusion et vient le fixer sur une bobine métallique animée
d'un mouvement de rotation. En continuant son mouvement,
la bobine attire à elle toute la couronne en l'obligeant à traverser préalablement le bain. Les vitesses données à ces bobines
varient selon le diamètre du fil. Ajoutons que pour faciliter
l'adhérence du zinc sur le fil on ajoute au bain une certaine
quantité de sulfate d'ammoniaque.

La forge de Bacalan possède une galvaniserie, vaste et bien
comprise.

C'est dans la fabrication des pointes que le fil de fer trouve
un de ses emplois les plus importants ; le tréfileur pourrait
donc se borner à travailler pour le pointier, mais il a un
plus grand intérêt à être pointier lui-même ; aussi les
deux industries sont-elles généralement connexes. En effet,
le tréfileur, sans frais généraux supplémentaires, réalise le
bénéfice du pointier, et, en outre, il trouve dans la fabrication
de la pointe l'écoulement des bouts de fil de fer cassés à la
filière, dont le commerce ne voudrait pas et qui constituent
un déchet de fabrication toujours important.

La Société métallurgique du Périgord n'a pas méconnu cet
avantage et a installé un atelier complet de pointerie.

On peut embrasser d'un coup d'œil ce vaste atelier plein de
lumière ; quarante métiers à pointes y battent sans cesse sous
la surveillance de quelques ouvriers. Leur mécanisme est
perfectionné et ils sont le dernier mot de l'art du mécanicien.

Le fil de fer placé, en couronne, sur un tourniquet est engagé
dans un manchon ; un mécanisme le fait avancer par secousses
de la longeur nécessaire à la pointe, puis deux couteaux d'acier
coupent cette longueur en même temps qu'un marteau mû
par un ressort façonne la tête.

Certains de ces métiers frappent jusqu'à 400 coups à la minute : plus la pointe doit être grosse, plus le métier est puissant
et plus son mouvement est lent.

Société Métallurgique du Périgord.

Atelier de pointerie des usines de Bordeaux-Bacalan.

A Bacalan, la pointerie fabrique toute la série des pointes connues dans le commerce, depuis l'énorme pointe de charpentier qui mesure plus d'un décimètre et demi de longueur sur 7 millimètres de diamètre, jusqu'à l'imperceptible pointe du vitrier.

La pointe française, et spécialement celle de Bacalan, est extrèmement recherchée à l'étranger; c'est un de nos articles importants d'exportation. Il faut chercher la raison de cette préférence dans la supériorité des fers français ; ce n'est qu'avec de bons fers que l'on peut obtenir une pointe bien saine, à tête large, plate et sans étoiles.

Quiconque a eu l'occasion de clouer une pointe dans son intérieur nous comprendra.

Ramassées au pied des métiers, les pointes sont placées dans un baril animé d'une rapide rotation et rempli de sciure de bois, elles s'y nettoient, y prennent un bel éclat métallique. Il ne reste qu'à les enfermer dans des cartouches de fort papier et elles sont prêtes pour la vente.

A Bacalan se pratique également le vernissage de la pointe ; c'est une opération nauséabonde entre toutes, mais il n'y a rien de répugnant en industrie.

On obtient ce vernissage en faisant passer la pointe dans un vase en tôle contenant des huiles portées à une température élevée.

---

Notre inspection sera terminée après un coup d'œil donné à l'atelier de réparation et d'ajustage qui est aussi bien outillé que bien composé : là se font les travaux d'entretien de la forge, se tournent les cylindres, se fabriquent les métiers à pointes.

---

La Société Métallurgique du Périgord occupe à Bacalan environ deux cents ouvriers forgerons, lamineurs, tréfileurs, poin-

Société **Métallurgique** du Périgord.

Ateliers d'ajustage et de réparations des Usines de Bordeaux-Bacalan.

tiers et ajusteurs. Dans le but d'attirer et de fixer les ouvriers elle a loué dans le voisinage de la forge un grand nombre de maisons modestes mais confortables, ayant la plupart un jardinet.

----

Les ateliers de tréfilerie et de pointerie de Bacalan sont desservis par une force mécanique de 350 chevaux-vapeur.

## SECTION V

### Vue d'ensemble des Usines de Bordeaux.

Sur la rive droite du fleuve, la Société métallurgique du Périgord possède un terrain, dont la valeur est doublée par des remblais qui le mettent à l'abri des inondations et le rendent vraiment propre à l'industrie. La superficie est de cinq hectares. Cinq hectares de terrains industriels à la porte de Bordeaux et reliés au port et au chemin de fer ! Qu'on juge de la valeur qu'ils représentent.

Sur ces terrains, sont installés des fours à coke, qui ne sont, à vrai dire, que le complément de l'usine de Fumel, et une fonderie. C'est là ce que l'on voit dans le présent ; mais ce que l'on espère voir dans l'avenir, c'est le haut-fourneau qui doit plus tard couvrir ce vaste terrain de ses parcs d'approvisionnements, c'est peut-être une aciérie, que savons-nous ! En aucun endroit, les capitaux ne trouveraient un emploi plus utile, une rémunération plus solide.

Sur la rive gauche, a été créé un groupe dès aujourd'hui complet : une forge qui prend la fonte à l'état brut et la convertit en fers prêts pour la consommation : fils, pointes, feuillards, fers ronds et carrés, cornières, etc., etc.

Les approvisionnements et les débouchés sont aussi assurés ici qu'à Fumel.

Une forge a besoin de fontes, de ferrailles et de houille. La fonte arrive à Bordeaux de tous les pays producteurs ; l'Espagne envoie ses excellentes fontes de Bilbao, l'Angleterre ses fontes d'un bon marché incomparable ; de la cale du navire au parc de Bacalan, la distance n'est que de quelques mètres.

Assurément, il faut subir la fluctuation des cours, mais la Société métallurgique du Périgord jouit d'un crédit assez solide à l'étranger, pour traiter des marchés à longue haleine ; en temps de hausse, elle est toujours pourvue, en temps de baisse, elle traite ses marchés.

Pour la houille, il suffira de dire qu'elle vient d'Angleterre.

Une ville de l'importance de Bordeaux produit assez de ferrailles pour alimenter une forge, au delà même de ses besoins.

Donc approvisionnements assurés, et à bas prix, puisqu'il n'y a pas à compter avec les transports coûteux par chemins de fer.

Quant aux débouchés, ils comprennent d'abord toute la vallée de la Garonne où ne peut s'établir aucune concurrence, sans folie de la part de ses fondateurs. Entre la Garonne et les Pyrénées, la forge de Bacalan est absolue maîtresse. En remontant vers le centre et le nord, elle rencontre des concurrences sous le rapport des prix, mais aucune sous le rapport de la qualité.

Dans l'industrie du fer, la qualité joue un rôle immense : la Société du Périgord a des marques sans rivales.

Enfin, l'exportation lui est ouverte.

Bien des Sociétés métallurgiques en France considèrent les traités de commerce comme une menace perpétuelle ; une diminution des droits de douane sur la fonte, sur le fer brut, les tuerait immédiatement.

Toute l'industrie métallurgique du centre et du bassin de la Loire s'affole à la seule pensée du libre-échange.

La Société du Périgord ne le souhaite pas, mais elle ne le redoute pas.

Seul, le produit brut pourrait être atteint, car il ne viendra jamais à la pensée de l'étranger de demander, ni à nos législateurs d'accorder la franchise complète du produit fini, qui jetterait sur le pavé les ouvriers, par centaines de mille.

La forge de Bacalan n'est qu'un transformateur. Qu'on supprime les droits sur les fontes étrangères ; elle produira ses fers bruts avec ces mêmes fontes, en réalisant 25 0/0 d'économie, dont elle fera bénéficier sa clientèle pour battre le fabricant de fers finis étrangers.

Qu'on supprime le droit sur le fer brut, elle produira ses fils de fers et ses pointes avec ces mêmes fers bruts et avec une économie de 30 à 40 0/0, la conclusion est la même. Elle devra éteindre ses fours à puddler, mais le laminoir marchera toujours.

Cet avantage est la conséquence de sa situation maritime.

Les fondateurs de cet établissement ont calculé toutes les chances, ils n'ont laissé aucune part à l'imprévu ; l'avenir leur réserve donc tous les succès.

# CHAPITRE V

## Constitution de la Société. — Organisation financière et commerciale.

Il n'entre pas dans notre esprit d'exalter une industrie aux dépens des autres : chaque travail répond à des besoins qui constituent sa raison d'être et son titre de noblesse. Cependant qu'il nous soit permis de témoigner notre secrète prédilection pour cette forte et mâle industrie du fer qui exige des hommes savants et des ouvriers vigoureux, qui développe la gamme entière des facultés humaines et met à contribution toutes les branches de la science humaine: géométrie, physique, mécanique et chimie.

Il faut des ingénieurs pleins de courage et de sang-froid pour envisager sans émotion les accidents inévitables qui se produisent dans ces fournaises où ils prennent de suite une gravité terrible. Enfin il faut une tête solide pour diriger l'ensemble, pour assurer les débouchés constants d'une fabrication qui n'admet pas le chômage, car l'extinction d'un haut fourneau ou d'une forge, c'est la ruine.

Mais nous sommes pleinement rassurés, au moins en ce qui concerne la Société Métallurgique du Périgord ; son chiffre d'affaires va toujours en croissant, ses usines de Fumel et de Bordeaux livrent chaque jour à l'industrie et au commerce pour dix mille francs de produits finis et elle ne s'en tiendra pas là. Sa situation à Bordeaux lui permet de faire l'exportation, et de ce côté, les débouchés sont illimités pour elle, soit qu'elle transforme sa propre production de fer, soit qu'elle se borne à transformer les productions de l'Angleterre et de l'Allemagne.

* *

Nous devons à notre lecteur quelques renseignements sur la
constitution financière de la Société dont nous venons de visi-
ter les usines.

La Société Métallurgique du Périgord est constituée sous forme
anonyme. A sa tête est un Conseil d'administration, actuellement
composé de cinq membres.

Le capital actions est de 2 millions, entièrement versés.

Lors de la fondation, il n'a été attribué aucune action
d'apport, aucune part de fondateur; chacun a fait son versement
en espèces.

Ce point est à remarquer. Le capital de cette Société ne
travaille absolument qu'à son profit, et non pour rémunérer
des apports plus ou moins sérieux.

Les dividendes, depuis six ans, n'ont pas dépassé 6 0/0. Le
Conseil d'administration préfère affecter le surplus à l'amortissement. Il peut montrer aujourd'hui avec orgueil, dans le
bilan de la Société, un chiffre de 400,000 francs d'amortissement et de réserve, soit presque le cinquième du capital social,
et cela en six exercices.

Les actions sont de 1,000 francs. Elles sont réparties entre
un petit nombre de personnes qu'unissent des liens de parenté
ou d'amitié.

Assurément ce n'est pas avec son capital-actions que la
Société Métallurgique du Périgord aurait pu acheter et outil-
ler des usines nouvelles qui représentent une valeur purement
immobilière de plus de deux millions, sans parler de l'outillage.

En 1878, par l'intermédiaire de la Banque de Prêts à l'Industrie, elle a émis un emprunt de dix mille obligations 5 0/0
rapportant 15 francs par an, remboursables à 300 francs en
cinquante ans.

Elle s'est procuré ainsi un capital légèrement supérieur à
son capital actions, et cette nouvelle ressource lui a permis de

prendre ses développements actuels, notamment de construire les usines de Bordeaux.

Avant cet emprunt, la Société Métallurgique du Périgord se contentait d'un chiffre d'affaires de deux millions par an ; aujourd'hui, elle est sur le pied de quatre millions et elle espère voir ce chiffre s'accroître encore.

On peut ainsi la considérer comme une Société prospère et en plein développement.

Aussi ses obligations sont-elles un excellent placement. Elles reposent sur des garanties immobilières des plus sérieuses et dont la valeur, abstraction faite de l'outillage, est supérieure à deux millions.

La Société Métallurgique du Périgord n'est pas une affaire nouvelle : elle a fait ses preuves dans la crise aiguë qu'a traversée la métallurgie en 1877 et 1878. Est-il nécessaire d'ajouter que sans des garanties positives elle n'aurait pas obtenu le patronnage de la Banque de Prêts à l'industrie.

Dans les années difficiles, la Société Métallurgique du Périgord n'a jamais manqué de travail et a toujours réalisé des bénéfices. C'est dire que dans les années prospères, elle recueillera de larges moissons.

L'industrie métallurgique, lorsqu'elle est administrée avec économie, sans frais généraux excessifs, donne, dans les temps ordinaires, tels que ceux que nous traversons actuellement, un bénéfice de 8 à 9 0/0 du chiffre net des affaires ; ce bénéfice, dans les années prospères, peut être porté au triple et même au delà.

On peut, en ce moment, évaluer le chiffre d'affaires mensuel de la Société du Périgord à 300,000 francs, et par conséquent ses bénéfices bruts à 25,000 francs par mois en chiffres ronds Ils doivent atteindre facilement 30,000 francs avec le développement progressif des affaires, soit par an 360,000 francs.

Si nous déduisons de ce résultat, l'annuité de l'emprunt, il nous restera environ 180 à 200,000 francs par an, soit 9 0/0 du capital social.

6 0/0 de dividende et 3 0/0 d'amortissement par an, telle est l'allure habituelle de la Société pendant les années ordinaires.

La Société est, dès maintenant, outillée pour profiter de toute bonne année, c'est-à-dire les années de hausse, et réaliser plus d'un million de bénéfices. On ne saurait, dans de telles conditions, douter du brillant avenir réservé à la Société métallurgique du Périgord.